50 Saftrezepte um deinen Blutdruck zu senken:

Eine einfache Art Bluthochdruck zu bekämpfen

Von

Joseph Correa

Zertifizierter Sport-Ernährungsberater

COPYRIGHT

© 2016 Finibi Inc

Alle Rechte vorbehalten

Die Vervielfältigung und Übersetzung von Teilen dieses Werkes, mit Ausnahme zum in Paragraph 107 oder 108 des United States Copyright Gesetzes von 1976 dargelegten Zwecke, ist ohne die Erlaubnis des Copyright-Inhabers gesetzeswidrig.

Diese Veröffentlichung dient dazu fehlerfreie und zuverlässige Informationen zu dem auf dem Cover abgedruckten Thema zu liefern. Es wird mit der Einstellung verkauft, dass weder der Autor noch der Herausgeber befähigt sind, medizinische Ratschläge zu erteilen. Wenn medizinischer Rat oder Beistand notwendig sind, konsultieren Sie einen Arzt. Dieses Buch ist als Ratgeber konzipiert und sollte in keinster Weise zum Nachteil Ihrer Gesundheit gereichen. Konsultieren Sie einen Arzt, bevor Sie mit diesem Ernährungsplan beginnen, um zu gewährleisten, dass er das Richtige für Sie ist.

DANKSAGUNG

Die Fertigstellung und den Erfolg dieses Buches wäre nicht ohne die Motivation und Unterstützung meiner Familie möglich gewesen.

50 Saftrezepte um deinen Blutdruck zu senken:

Eine einfache Art Bluthochdruck zu bekämpfen

Von

Joseph Correa

Zertifizierter Sport-Ernährungsberater

INHALT

Copyright

Danksagung

Über den Autor

Einleitung

50 Saftrezepte um deinen Blutdruck zu senken: Eine einfache Art Bluthochdruck zu bekämpfen

Andere großartige Werke des Autors

ÜBER DEN AUTOR

Als zertifizierter Sport-Ernährungsberater und professioneller Sportler glaube ich an die positiven Effekte, die eine richtige Ernährung über Körper und Seele hat. Mein Wissen und meine Erfahrung haben mir geholfen, über die Jahre hinweg gesünder zu leben. Dieses Wissen habe ich zudem mit meiner Familie und Freunden geteilt. Je mehr du über gesunden Essen und Trinken weißt, desto schneller wirst du dein Leben und deine Ess-Gewohnheiten ändern wollen.

Ernährung ist der Schlüssel im Prozess gesünder und länger zu leben. Beginne also noch heute damit.

EINLEITUNG

50 Saftrezepte um deinen Blutdruck zu senken werden dir helfen, deinen Blutdruck auf natürliche Weise und zudem schneller zu kontrollieren. Hypertension ist ein ernsthaftes Gesundheitsproblem, das mit Übung und der richtigen Ernährung angegangen werden kann. Diese Säfte zersetzen keine Mahlzeiten, aber sie sollten deinen täglichen Essensplan ergänzen.

Zu beschäftigt zu sein um richtig zu essen kann manchmal ein Problem werden. Darum wird das Buch dir Zeit sparen und deinen Körper ernähren, damit du die Ziele erreichst, die du erreichen möchtest.

Das Buch wird dir helfen:

-deinen Bluthochdruck zu senken.

-Fett zu reduzieren.

-deinen Blutfluss zu reinigen.

-mehr Energie zu haben.

-auf natürliche Weise deinen Stoffwechsel beschleunigen um dünner zu werden.

-dein Verdauungssystem zu verbessern.

Joseph Correa ist ein zertifizierter Sport-Ernährungsberater und ein Profi-Sportler.

50 SAFTREZEPTE UM DEINEN BLUTDRUCK ZU SENKEN

1. Überraschender Sonnenaufgang

Dieses Saftrezept löst Probleme, wenn es um einen zu hohen Blutdruck geht. Es ist reich an Vitaminen und Mineralien, die deinen Körper in eine gesunde Energiefabrik verwandeln.

Vorteile:

Sellerie ist für seinen hohen Calciumgehalt bekannt. Sellerie hilft, Bluthochdruck zu kontrollieren. Pfirsiche beinhalten Anti-Oxidantien, die Bluthochdruck verhindern.

Zutaten:

- Äpfel - 2 mittlere 360g
- Karotten - 2 mittlere 122g
- Sellerie - 3 Stangen, große 190g
- Zitronen (geschält) - 2 Früchte 165g
- Pfirsich - 2 mittlere 356g

Zubereitung:

- **Wasche alle Zutaten.**
- **Vermische sie gut und genieße dieses erfrischende Getränk.**

Gesamtsumme an Kalorien: 381

Vitamine: Vitamin A 785ug, Vitamin C 187mg, Calcium 130mg

Mineralien: Natrium 221mg, Kalium 2454mg

Zucker 55g

2. Leichte Creme

Die beste Art entspannt und während des Tages voller Energie zu bleiben, besteht darin, den Tag mit einem natürlichen Saft zu beginnen. Hier ist ein großartiges Rezept, das mehr als das leisten wird. Versuch es selbst.

Vorteile:

Gewisse Proteinverbindungen, die du nur in Spinat findest, eignen sich hervorragend um Bluthochdruck zu senken. Paprika ist bekannt dafür Cholesterin sowie Bluthochdruck zu senken.

Zutaten:

- Gurke - ½ Gurke 150g
- Petersilie- 2 Handvoll 80g
- Peperoni - 1/2 mittlere 59g
- Spinat - 1 Tasse 30g
- Tomaten- 3 mittlere, ganz 350g
- Rotkohl - 1 Blatt 22g

Zubereitung:

- **Wasche alle Zutaten.**
- **Vermische sie gut und genieße dieses erfrischende Getränk.**

Gesamtsumme an Kalorien: 115

Vitamine: Vitamin A 205ug, Vitamin C 97mg, Calcium 221mg

Mineralien: Natrium 212mg, Kalium 1755mg

Zucker 13g

3. Bewusstseinserweiterung

Eine Vielzahl an Früchten und Gemüse macht diesen Saft unwiderstehlich und führt zu einem gesunden Körper. Darum ist dieses Rezept nicht nur stärkend, sondern auch gesund. Du solltest es am Morgen probieren.

Vorteile:

Eine neue Studie hat gezeigt, dass Essen, welches reich an Kalium ist, ebenfalls den Blutdruck reduzieren kann. Orangen sind dagegen eine große Vitamin C Quelle.

Zutaten:

- Gurke- 1 Gurke 300g
- Orangen - 2 Früchte 260g
- Ananas - 1/4 Frucht 226,25g
- Spinat - 5 Handvoll 125g
- Banane – 1 mittlere 90g

Zubereitung:

- **Wasche alle Zutaten.**

- **Vermische sie gut und genieße dieses erfrischende Getränk.**

Gesamtsumme an Kalorien: 184

Vitamine: Vitamin A 421ug, Vitamin C 154mg, Calcium 202mg

Mineralien: Natrium 71mg, Kalium 1322mg

Zucker 30g

4. Hypotensions-Saft

Wenn du einen gesunden Körper und Geist haben willst, solltest du ein anderes Saftrezept kennenlernen, das grünes Gemüse beinhaltet und mit wohlschmeckenden Zutaten vermischt wird, die den Geschmack des Getränks verbessern.

Vorteile:

Limettensaft ist hilfreich für Menschen, die an Herzproblemen leiden, weil sie Kalium enthalten. Er hilft außerdem, den Blutdruck zu kontrollieren und mentalen Stress zu reduzieren.

Zutaten:

- Äpfel - 2 mittlere 364g
- Grünkohl - 5 Blätter 175g
- Limette - 1/2 Frucht 32g
- Orange - 150g
- Karotten -1 große 70g

Zubereitung:

- **Wasche alle Zutaten.**
- **Vermische sie gut und genieße dieses erfrischende Getränk.**

Gesamtsumme an Kalorien: 160

Vitamine: Vitamin A 300ug, Vitamin C 191mg, Calcium 109mg

Mineralien: Natrium 103mg, Kalium 1437mg

Zucker 43g

5. Großes A

Du kannst ein neues Saftrezept, das alle wichtigen Mineralien und Vitamine enthält, immer verwenden. Es führt deinen Körper letzten Endes zu einem gesünderen. Es handelt sich hierbei um ein weiteres, großartiges Morgengetränk.

Vorteile:

Pektine in Äpfeln senken Cholesterin und ebenfalls den Blutdruck. Pfirsichsaft hat einen entzündungshemmenden Effekt und ist ein sehr guter Nährstoff-Lieferant.

Zutaten:

- Äpfel - 2 mittlere 360g
- Orange (geschält) - 1 Frucht 130g
- Pfirsich - 2 mittlere 356g
- Süßkartoffel - 130g
- Limette ½ - 33g

Zubereitung:

- **Wasche alle Zutaten.**

- **Vermische sie gut und genieße dieses erfrischende Getränk.**

Gesamtsumme an Kalorien: 307

Vitamine: Vitamin A 610ug, Vitamin C 61mg, Calcium 123mg

Mineralien: Natrium 120mg, Kalium 1221mg

Zucker 60g

6. Süßer Tag

Dieses Saftrezept ist großartig, wenn du eine positive Veränderung in deinem Herzen herbeiführen willst. Wenn du in der Vergangenheit Herzprobleme hattest, versuche dieses Getränk und sieh, was es womöglich für dich tun kann.

Vorteile:

Rote Beeten haben medizinische Eigenschaften, die den Blutdruck normalisieren. Zudem sind sie reich an Kohlenhydraten, eine großartige Quelle für sofortige Energie.

Zutaten:

- Rote Beete (golden) - 1 Knolle 80g
- Karotten - 3 große 215g
- Gurke - 1/2 Gurke 150g
- Ingwer - 1/2 Daumenbreit 12g
- Limette - ½ Frucht 33g

Zubereitung:

- **Wasche alle Zutaten.**
- **Vermische sie gut und genieße dieses erfrischende Getränk.**

Gesamtsumme an Kalorien: 137

Vitamine: Vitamin A 1104ug, Vitamin C 19mg, Calcium 143mg

Mineralien: Natrium 265mg, Kalium 1391mg

Zucker 22g

7. Grüner Gott

Du solltest dieses Saftrezept beim Mittagessen probieren, weil es reich an Nährstoffen ist, die besser zu dieser Tageszeit konsumiert werden und dann leichter zu verdauen sind.

Vorteile:

Gurke ist essentiell für gesundes Bindegewebe und hilft außerdem, den Blutdruck zu senken.

Zutaten:

- Sellerie - 4 Stangen, große 255g
- Gurke - 1 Gurke 300g
- Ingwer - 1 Daumenbreit 24g
- Zitrone - 1/2 Frucht 42g

Zubereitung:

- **Wasche alle Zutaten.**
- **Vermische sie gut und genieße dieses erfrischende Getränk.**

Gesamtsumme an Kalorien: 183

Vitamine: Vitamin A 764ug, Vitamin C 171mg, Calcium 312mg

Mineralien: Natrium 195mg, Kalium 1872mg

Zucker 30g

8. Heilende Mischung

Hier kommt ein weiteres, großartiges Saftrezept, das deine Gesundheit und dein Wohlbefinden verbessern wird. Wenn die Kombination aus Zitrone und Orange zu stark für dich ist, dann streich ganz einfach eines dieser Zutaten. Wenn du sie aber zusammen trinken kannst, ist es besser.

Vorteile:

Zitronensaft reduziert Depression und kontrolliert Bluthochdruck. Der Konsum von Vitamin C hilft, das Auftreten von Magengeschwüren zu senken.

Zutaten:

- Sellerie – 4 Stangen, große 255g
- Zitrone (mit Schale) - 1/2 Frucht 28g
- Orange (geschält) - 1 große 180g
- Spinat - 5 Handvoll 125g

Zubereitung:

- **Wasche alle Zutaten.**

- **Vermische sie gut und genieße dieses erfrischende Getränk.**

Gesamtsumme an Kalorien: 202

Vitamine: Vitamin A 250ug, Vitamin C 87mg, Calcium 211mg

Mineralien: Natrium 211mg, Kalium 1501mg

Zucker 40g

9. Knurr-Saft

Saftrezepte sind eine schnelle Art um mit dem modernen Lebensstil mitzuhalten und richten sich an Personen, die danach streben, einen gesunden Körper zu haben. Das ist ein großartiges Rezept um den Blutdruck zu senken und dein Herz zu stärken.

Vorteile:

Ingwer nimmt eine Rolle beim Senken des Cholesterins ein und hilft den Bluthochdruck zu regulieren. Das Extrakt aus der Apfelhaut reduziert die Wahrscheinlichkeit an Leberkrebs zu erkranken. Daher ist es besser, wenn du die Schale gut wächst und sie beim Saft machen dran lässt.

Zutaten:

- Äpfel - 2 mittlere 365g
- Sellerie - 3 Stangen, große 192g
- Gurke - 1 Gurke 300g
- Limette (mit Schale) - 1 Frucht 65g
- Petersilie - 1 Bund 150g

Zubereitung:

- **Wasche alle Zutaten.**
- **Vermische sie gut und genieße dieses erfrischende Getränk.**

Gesamtsumme an Kalorien: 202

Vitamine: Vitamin A 590ug, Vitamin C 156mg, Calcium 281mg

Minerals: Natrium 197mg, Kalium 1789mg

Zucker 28g

10. Star-Saft

Beginne deinen Tag stark mit dieser großartigen Mischung aus Früchten und leckerem Gemüse. Diese Zutaten sind perfekt für dich, weil die reich an Nährstoffen und Vitaminen sind.

Vorteile:

Pfirsiche beinhalten anti-kanzerogene Glutathione, die Blutdruck verhindern. Karotten sind reich an Beta-Karotine und sie reduzieren womöglich Bluthochdruck.

Zutaten:

- Karotten - 4 mittlere 220g
- Gurke - 1 Gurke 300g
- Zitrone - 1 Frucht 58g
- Pfirsich - 1 mittlere 178g
- Sellerie - 1 Stange, große 62g

Zubereitung:

- **Wasche alle Zutaten.**

- **Vermische sie gut und genieße dieses erfrischende Getränk.**

Gesamtsumme an Kalorien: 210

Vitamine: Vitamin A 1044ug, Vitamin C 40mg, Calcium 139mg

Mineralien: Natrium 149mg, Kalium 1451mg

Zucker 32g

11. Junior-Saft

Wenn jede Sekunde wertvoll ist und dir die Zeit fehlt um gesünder zu werden, solltest du deinem Körper nichts verweigern. Darum wird dieses tolle Saftrezept innerhalb kürzester Zeit Wunder für dich und deinen Körper vollbringen.

Vorteile:

Sellerie ist gut beim Senken von Bluthochdruck und ist ein großartiger Lieferant für Nährstoffe.

Zutaten:

- Sellerie - 3 Stangen, große 190g
- Gurke - 1/2 Gurke 150g
- Ingwer - 1/2 Daumenbreit 12g
- Kohl - 2 Blätter 70g
- Banane - 1 mittlere 90g

Zubereitung:

- **Wasche alle Zutaten.**

- **Vermische sie gut und genieße dieses erfrischende Getränk.**

Gesamtsumme an Kalorien: 200

Vitamine: Vitamin A 503ug, Vitamin C 176mg, Calcium 276mg

Mineralien: Natrium 133mg, Kalium 1569mg

Zucker 45g

12. Herr-Gesundes-Herz-Mischung

Stell sicher, deinen Tag mit dieser für das Herz gesunden Mischung zu beginnen. Diese hat dank der Banane und Apfel Kombination einen wunderbaren Geschmack.

Vorteile:

Bananen spielen eine wichtige Rolle beim Senken des Blutdrucks. Äpfel reduzieren das Cholesterin und erhöhen die Knochendichte.

Zutaten:

- Karotte - 4 mittlere 242g
- Sellerie - 3 Stangen, große 190g
- Ingwer - 1/2 Daumenbreit 11g
- Banane – 1 mittlere 90g
- Apfel – 1 mittleren 180g

Zubereitung:

- **Wasche alle Zutaten.**
- **Vermische sie gut und genieße dieses erfrischende Getränk.**

Gesamtsumme an Kalorien: 233

Vitamine: Vitamin A 1312ug, Vitamin C 27mg, Calcium 143mg

Mineralien: Natrium 310mg, Kalium 1670mg

Zucker 44g

13. Sonniger-Start-Frühstücksgetränk

Hier ist ein gutes Saftrezept, mit dem du deinen Tag beginnen kannst. Es wird dein Energielevel während des gesamten Tages hoch halten und außerdem eine exzellente Quelle an Vitaminen sein. Probiere es aus.

Vorteile:

Tomaten sind dafür bekannt sehr gut für dein Herz zu sein und außerdem deinen Blutdruck zu ver-mindern. Sie sind außerdem eine großartige Quelle für Vitamin C.

Zutaten:

- Äpfel (grün) - 1 mittlerer 180g
- Gurke - 1 Gurke 300g
- Trauben (grün) - 15 Trauben 90g
- Spinat - 2 Tassen 60g
- Tomate - 1 mittlere, ganz 121g

Zubereitung:

- **Wasche alle Zutaten.**

- **Vermische sie gut und genieße dieses erfrischende Getränk.**

Gesamtsumme an Kalorien: 179

Vitamine: Vitamin A 540ug, Vitamin C 59mg, Calcium 144mg

Mineralien: Natrium 112mg, Kalium 1448mg

Zucker 31g

14. Rote-Beeten-Regen-Verzögerung

Wenn du bereite dazu bist, mit einer gesunden Gewohnheit zu beginne, ist Saft eine wundervolle Idee. Die Süßkartoffel in diesem Getränk wird ihm einen neuen leckeren Geschmack verleihen, den du genießen wirst.

Vorteile:

Medizinische Studien haben gezeigt, dass die Aufnahme von Rote Beete in deinen Ernährungs-plan, deinen Körper vor Herzerkrankungen schützt. Sie helfen außerdem, die roten Blutzellen zu regenerieren und liefern deinem Körper frischen Sauerstoff.

Zutaten:

- Apfel - 1 mittlerer 180g
- Rote Beete - 1 Knolle 170g
- Zitrone - 1/2 Frucht 42g
- Orangen (geschält) - 2 Früchte 262g
- Süßkartoffel - 1 130g

Zubereitung:

- **Wasche alle Zutaten.**
- **Vermische sie gut und genieße dieses erfrischende Getränk.**

Gesamtsumme an Kalorien: 245

Vitamine: Vitamin A 450ug, Vitamin C 87mg, Calcium 137mg

Mineralien: Natrium 227mg, Kalium 1894mg

Zucker 34g

15. Regenbogen-Parade

Die Welt der Wissenschaft entdeckt immer wieder neue Dinge, die zeigen, wie wichtig Gemüse und Früchte für unser Leben sind. Hier ist ein gutes Beispiel für ein Saftrezept, das du danach als Ergänzung zu deinen täglichen Mahlzeiten haben willst.

Vorteile:

Eine neue Studie hat gezeigt, dass Essen, das reich an Magnesium und Ballaststoffen ist, dem Körper hilft, den Blutdruck auf ein gesünderes Level zu senken. Spinat ist ein guter Blutbildner und regeneriert rote Zellen.

Zutaten:

- Sellerie - 4 Stangen, mittlere 160g
- Gurke - 1/2 Gurke 150g
- Trauben - 2 Tassen 180g
- Spinat - 4 Tassen 120g

Zubereitung:

- **Wasche alle Zutaten.**

- **Vermische sie gut und genieße dieses erfrischende Getränk.**

Gesamtsumme an Kalorien: 219

Vitamine: Vitamin A 322ug, Vitamin C 37mg, Calcium 179mg

Mineralien: Natrium 144mg, Kalium 1671mg

Zucker 38g

16. Lächelnder Ananas-Mix

Hier kommt ein weiteres Rezept, das du probieren solltest. Teile es mit deiner Familie, weil es wirklich ein erstaunliches Rezept ist, wenn du Ananas magst.

Vorteile:

Zitronensaft zu trinken ist gut für das Herz und hilft außerdem, Bluthochdruck zu kontrollieren. Eine Karotte am Tag reduziert das Schlaganfallrisiko um fast 66 Prozent.

Zutaten:

- Karotten - 3 mittlere 180g
- Zitrone - 1/2 Frucht 40g
- Ananas - 1/4 Frucht 225g
- Spinat - 2 Handvoll 50g

Zubereitung:

- **Wasche alle Zutaten.**
- **Vermische sie gut und genieße dieses erfrischende Getränk.**

Gesamtsumme an Kalorien: 202

Vitamine: Vitamin A 975ug, Vitamin C 150mg, Calcium 165mg

Mineralien: Natrium 210mg, Kalium 1410mg

Zucker 37g

17. Cranberryfreude-Saft

Dieses Saftrezept ist ungewöhnlich aufgrund der Vielzahl an Zutaten, die du normalerweise nirgends findest. Gib ihm also eine Chance und bemerke die spektakulären Ergebnisse, die du erzielst.

Vorteile:

Orangen sind reich an Vitamin C und stimulieren weiße Zellen, damit sie verschiedene Infektionen zu bekämpfen. Eine neue Studie hat sie mit dem Senken des Blutdrucks in Verbindung gebracht.

Zutaten:

- Cranberrys - 3 Tassen, 300g
- Ingwer - 2 Daumenbreit 45g
- Limetten (mit Schale) - 2 Früchte 134g
- Banane – 1 mittlere 90g

Zubereitung:

- **Wasche alle Zutaten.**

- **Vermische sie gut und genieße dieses erfrischende Getränk.**

Gesamtsumme an Kalorien: 285

Vitamine: Vitamin A 145ug, Vitamin C 219mg, Calcium 172mg

Mineralien: Natrium 7mg, Kalium 1128mg

Zucker 48g

18. Kohl-Schwur

Kohl steckt voller notwendiger Vitamine und Mineralien, die deinem Körper helfen, den Bluthochdruck zu senken und dich während des Tages besser fühlen lassen. Füge einige Blätter mehr dazu, wenn dich der intensive Geschmack nicht stört. Das wird das Ganze noch nahrhafter machen.

Vorteile:

Kohl beinhaltet verschiedene Verbindungen, die Bluthochdruck regulieren. Neue Studien haben gezeigt, dass Zitronen beim Senken von Cholesterin helfen.

Zutaten:

- Äpfel - 2 mittlere 320g
- Kohl - 2 Blätter (20-30cm)70g
- Zitrone (geschält) - 1 Frucht 58g
- Tomate - 1 mittlere, ganz 120g

Zubereitung:

- **Wasche alle Zutaten.**

- **Vermische sie gut und genieße dieses erfrischende Getränk.**

Gesamtsumme an Kalorien: 275

Vitamine: Vitamin A 434ug, Vitamin C 91mg, Calcium 201mg

Mineralien: Natrium 190mg, Kalium 1448mg

Zucker 45g

19. Karotten-Limetten-Power

Das ist ein großartiger Saft, um ihn nach oder während einer Hauptmahlzeit zu servieren. Die Kombination aus Limette und Peperoni gibt ihm einen Geschmacksschub, aber die Banane lässt ihn süßlich schmecken. Wenn du ihn noch immer zu intensiv im Geschmack findest, füge einfach eine halbe Banane mehr dazu.

Vorteile:

Der normale Konsum von Karotten reduziert das Cholesterin und verhindert Erkrankungen, die mit dem Herzen n Verbindung stehen. Sie helfen außerdem die Leber zu reinigen.

Zutaten:

- Karotten - 2 große 170g
- Sellerie - 2 Stangen, große 128g
- Limette - 1/2 Frucht 32g
- Peperoni - 1 Peperoni 14g
- Spinat - 2 Tassen 60g

- Banane – 1 mittlere 90g

Zubereitung:

- **Wasche alle Zutaten.**
- **Vermische sie gut und genieße dieses erfrischende Getränk.**

Gesamtsumme an Kalorien: 110

Vitamine: Vitamin A 875ug, Vitamin C 32mg, Calcium 127mg

Mineralien: Natrium 255mg, Kalium 1329mg

Zucker 15g

20. Gurken-Hoch

Wenn dein Ziel darin besteht, einen gesunden Körper zu erhalten, musst du dieses Saftrezept testen. Du kannst die Menge an Zwiebeln reduzieren, wenn du deren Geschmack nicht magst, aber es ist aus gesundheitlichen Gründen empfohlen, die Menge dabei zu belassen.

Vorteile:

Petersilie fungiert als ein Anti-Oxidant und hilft, einen gesunden Blutdruck zu bewahren. Tomatensaft ist eine hervorragende Quelle für Vitamin C, Calcium und Phosphor.

Zutaten:

- Gurke - 1 Gurke 300g
- Zitrone - 1 Frucht 55g
- Zwiebel - 15g
- Petersilie - 1 Handvoll 40g
- Tomaten - 2 kleine, ganz 180g

Zubereitung:

- **Wasche alle Zutaten.**
- **Vermische sie gut und genieße dieses erfrischende Getränk.**

Gesamtsumme an Kalorien: 79

Vitamine: Vitamin A 255ug, Vitamin C 105mg, Calcium 98mg

Mineralien: Natrium 30mg, Kalium 1077mg

Zucker 10g

21. Broccoli-Mischung

Lass uns schauen, ob dieses leckere Saftrezept das ist, wonach du suchst. Eines der schönsten Dinge an Saftrezepten ist, dass sie nicht viel Vorbereitungszeit brauchen und die Ergebnisse hervorragend sind.

Vorteile:

Broccoli hilft bei der richtigen Funktion von Insulin und reguliert den Blutzucker und damit auch den Blutdruck.

Zutaten:

- Apfel - 1 mittlerer 180g
- Broccoli - 1 Stange 150g
- Karotten - 2 große 110g
- Sellerie - 3 Stange, große 190g
- Olivenöl - 1 Esslöffel 13,5g

Zubereitung:

- **Wasche alle Zutaten.**
- **Vermische sie gut und genieße dieses erfrischende Getränk.**

Gesamtsumme an Kalorien: 224

Vitamine: Vitamin A 1003ug, Vitamin C 110mg, Calcium 196mg

Mineralien: Natrium 215mg, Kalium 1335mg

Zucker 19g

22. Heidelbeer-Überraschungs-Mischung

Heidelbeeren schmecken großartig und sind wundervolle Anti-Oxidantien. Diese Zutaten zu vermischen wird dir einen großartigen Saft bescheren, den du zu jeder Tageszeit und nicht nur am Morgen trinken kannst.

Vorteile:

Vitamine sind dafür verantwortlich, dass unser System richtig funktioniert und im Überfluss in Heidelbeeren enthalten. Heidelbeeren helfen außerdem ein starkes Immunsystem aufrecht zu erhalten.

Zutaten:

- Apfel - 1 mittlere 180g
- Heidelbeere - 1 Tasse 140g
- Broccoli - 1 Stange 151g
- Tomate - 1 mittlere, ganz 120g

Zubereitung:

- **Wasche alle Zutaten.**

- **Vermische sie gut und genieße dieses erfrischende Getränk.**

Gesamtsumme an Kalorien: 203

Vitamine: Vitamin A 784ug, Vitamin C 102mg, Calcium 115mg

Mineralien: Natrium 188mg, Kalium 1431mg

Zucker 39g

23. Fitter Ingwersaft

Hier ist ein weiteres großartiges Rezept, das du zu jeder Tageszeit genießen kannst. Stell nur sicher, dass du ihn 30 Minuten vor einer Hauptmahlzeit zubereitest.

Vorteile:

Pektin in Karotten senkt den Cholesterinlevel und ist außerdem reich an Vitamin A, das das Augenlicht verbessert.

Zutaten:

- Karotten - 2 mittlere 120g
- Ingwer - 1/2 Knolle 12g
- Zitrone - 1 Frucht 50g
- Spinat - 2 Handvoll 50g

Zubereitung:

- **Wasche alle Zutaten.**
- **Vermische sie gut und genieße dieses erfrischende Getränk.**

Gesamtsumme an Kalorien: 190

Vitamine: Vitamin A 1059ug, Vitamin C 71mg, Calcium 161mg

Mineralien: Natrium 192mg, Kalium 1430mg

Zucker 31g

24. Orangen-Bananen-Mischung

Dies ist ein wundervoller Saft für Leute, die ernste Probleme mit dem Blutdruck und dem Herzen haben. Die Zutaten in diesem Saft sind voll beladen mit Nährstoffen, die helfen, dein Immunsystem zu stärken.

Vorteile:

Orangen sind, da sie reich an Flavonoiden und Vitamin C sind, bekannt dafür, das Risiko einer Herzerkrankung zu senken. Ein Flavonoid, das Hesperidin genannt wird, ist in Orangen zu finden und senkt Bluthochdruck.

Zutaten:

- Äpfel - 2 mittlere 360g
- Ingwer - 1/2 Daumenbreit 12g
- Limette - ½ 30g
- Orange (geschält) - 1 Frucht 130g
- Banane – 1 mittlere 90g

Zubereitung:

- **Wasche alle Zutaten.**

- **Vermische sie gut und genieße dieses erfrischende Getränk.**

Gesamtsumme an Kalorien: 166

Vitamine: Vitamin A 15ug, Vitamin C 71mg, Calcium 115mg

Mineralien: Natrium 85mg, Kalium 982mg

Zucker 34g

25. Grapefruit-Herzerkrankungs-Vermeider

Dies ist ein großartiger Saft um Bluthochdruck und Herzerkrankungen vorzubeugen. Grapefruit ist eine mächtige Frucht mit Cholesterin senkenden Eigenschaften. Du kannst die ganze Frucht beifügen, wenn du nichts gegen ihren Geschmack hast, da das das Ganze noch besser für dich und dein Herz macht.

Vorteile:

Sellerie in deine Ernährung aufzunehmen hilft dem Körper sich gegen Herzerkrankungen zu schützen und senkt außerdem den Blutdruck. Karotten haben einen reinigenden Effekt auf die Leber und helfen, mehr Gallenflüssigkeit auszuscheiden.

Zutaten:

- Apfel - 1 großer 200g
- Grapefruit - 1/2 große, geschält 160g
- Rote Beete - 1 Knolle 175g
- Karotten - 4 mittlere 244g

- Sellerie - 1 Stange, große 60g

Zubereitung:

- **Wasche alle Zutaten.**
- **Vermische sie gut und genieße dieses erfrischende Getränk.**

Gesamtsumme an Kalorien: 175

Vitamine: Vitamin A 1632ug, Vitamin C 38mg, Calcium 181mg

Mineralien: Natrium 398mg, Kalium 1651mg

Zucker 33g

26. Granatapfel-Power

Granatapfel ist eine wohlschmeckende Frucht, die dem Saft einen charakteristischen Geschmack verleiht, wenn du sie den Zutaten beifügst. Probiere den Saft am Morgen oder am Nachmittag, aber er ist nicht für den Abend gedacht.

Vorteile:

Zitronensaft hilft, den Bluthochdruck zu kontrollieren und verhindert mentalen Stress und Depression.

Zutaten:

- Heidelbeere- 1 Tasse 145g
- Zitrone – 1/2 Frucht 30g
- Granatapfel – 1 Granatapfel 280g
- Banane – 1 mittlere 100g

Zubereitung:

- **Wasche alle Zutaten.**
- **Vermische sie gut und genieße dieses erfrischende Getränk.**

Gesamtsumme an Kalorien: 176

Vitamine: Vitamin A 4ug, Vitamin C 42mg, Calcium 27mg

Mineralien: Natrium 6mg, Kalium 580mg

Zucker 35g

27. Eins Plus Start

Was eine Kombination an Vitaminen und Mineralien in diesem Saft! Kohl und Spinat zusammen in einem Getränk ist spektakulär. Stell sicher, dass du diesen Saft mindestens einmal pro Woche trinkst.

Vorteile:

Menschen, die zwei Mal am Tag Äpfel essen, senken ihr Cholesterin um mehr als 15 Prozent. Äpfel senken womöglich auch den Blutdruck.

Zutaten:

- Äpfel - 2 mittlere 360g
- Kohl - 2 Blätter 70g
- Spinat - 2 Tassen 50g
- Limette – ½ Frucht 30g

Zubereitung:

- **Wasche alle Zutaten.**
- **Vermische sie gut und genieße dieses erfrischende Getränk.**

Gesamtsumme an Kalorien: 132

Vitamine: Vitamin A 453ug, Vitamin C 87mg, Calcium 126mg

Mineralien: Natrium 51mg, Kalium 815mg

Zucker 25g

28. Karottenschnitt

Probiere dieses Saftrezept und du wirst überrascht sein, wie lecker es ist. Und lass uns nicht all die vitalen Nährstoffe vergessen, die es verwendet. Es ist ein Muss für Menschen mit Hypertension.

Vorteile:

Pektin in Karotten senkt den Cholesterinlevel. Einige Studien haben zudem gezeigt, dass sie womöglich eine Rolle beim Senken des Blutdrucks spielen.

Zutaten:

- Äpfel - 2 mittlere 360g
- Karotten - 2 mittlere 120g
- Ingwer - ½ Daumenbreit 12g
- Gurke -1 kleine 200g

Zubereitung:

- **Wasche alle Zutaten.**
- **Vermische sie gut und genieße dieses erfrischende Getränk.**

Gesamtsumme an Kalorien: 185

Vitamine: Vitamin A 750ug, Vitamin C 25mg, Calcium 54mg

Mineralien: Natrium 48mg, Kalium 609mg

Zucker 27g

29. Pfirsich-Wunder

Es ist egal welche Tageszeit es ist, dieses Saftrezept kann zu jeder Stunde serviert werden. Probiere alle Zutaten und bereite dich vor auf einen leckeren Saft mit einem wahrhaft fantastischen Geschmack.

Vorteile:

Pfirsiche helfen dabei einen ausgeglichenen Blutdrucklevel zu bewahren und sind wahre Blutreiniger.

Zutaten:

- Karotten - 3 mittlere 130gg
- Zitrone - 1/2 Frucht 42g
- Pfirsiche - 5 mittlere 750g
- Orange - 1 mittlere 120g

Zubereitung:

- **Wasche alle Zutaten.**
- **Vermische sie gut und genieße dieses erfrischende Getränk.**

Gesamtsumme an Kalorien: 362

Vitamine: Vitamin A 520ug, Vitamin C 71mg, Calcium 215mg

Mineralien: Natrium 401mg, Kalium 3024mg

Zucker 7g

30. Süßes P

Hier kommt ein weiterer, großartig schmeckender Saft mit Süßkartoffel, der voller Vitamine und Mineralien steckt. Er ist sehr reich an Beta-Karotinen, die wichtig sind um Hypertension und Hautprobleme zu verhindern.

Vorteile:

Süßkartoffeln sind eine gute Quelle für Nährstoffe. Rote Beeten haben bewiesen, dass sie das Blut reinigen.

Zutaten:

- Äpfel - 2 mittlere 364g
- Rote Beete - 1 Knolle 82g
- Süßkartoffel - 1 Süßkartoffel, 130g
- Banane – 1 mittlere 100g

Zubereitung:

- **Wasche alle Zutaten.**
- **Vermische sie gut und genieße dieses erfrischende Getränk.**

Gesamtsumme an Kalorien: 201

Vitamine: Vitamin A 640ug, Vitamin C 16mg, Calcium 53mg

Mineralien: Natrium 420mg, Kalium 3105mg

Zucker 30g

31. Ananas-Orangen-Mischung

Eine gesunde Psyche und ein gesunder Körper sollten das Motto eines jeden Einzelnen sein. Erhöhe oder erniedrige die Menge an Ingwer und Kohl je nach Belieben.

Vorteile:

Orangen haben bewiesen, dass sie helfen, den Blutdruck zu senken. Ingwer senkt das Cholesterin.

Zutaten:

- Ingwer - 1/2 Daumenbreit 12g
- Kohl - 4 Blätter 140g
- Orange - 1 kleine 96g
- Ananas - 1 Tasse, Stücke 165g
- Gurke - 1 300g

Zubereitung:

- **Wasche alle Zutaten.**
- **Vermische sie gut und genieße dieses erfrischende Getränk.**

Gesamtsumme an Kalorien: 250

Vitamine: Vitamin A 594ug, Vitamin C 241mg, Calcium 203mg

Mineralien: Natrium 39mg, Kalium 1160mg

Zucker 40g

32. Rote-Beete-Pfirsich-Geschmack

Was ist wichtiger als deine eigene Gesundheit? Nimm dir Zeit, deinen Körper mit den richtigen Vitaminen und Nährstoffen, die er braucht und die in dieses Saftgemisch enthalten sind, zu ernähren. Beachte nicht die Farbe des Getränks, denn der Geschmack ist das, was den Unterschied ausmacht.

Vorteile:

Der hohe Gehalt an Eisen in Roter Beete regeneriert und reaktiviert die roten Blutzellen. Sie normalisieren außerdem den Blutdruck, indem sie ihn senken oder erhöhen.

Zutaten:

- Apfel - 1 mittlere 180g
- Rote Beete - 1 Knolle 82g
- Zitrone - 1/2 Frucht 29g
- Pfirsich -1 mittlere 120g

Zubereitung:

- **Wasche alle Zutaten.**
- **Vermische sie gut und genieße dieses erfrischende Getränk.**

Gesamtsumme an Kalorien: 180

Vitamine: Vitamin A 10ug, Vitamin C 101mg, Calcium 45mg

Mineralien: Natrium 44mg, Kalium 760mg

Zucker 39g

33. Spinat-Schub

Saft zu machen ist eine sehr populäre Art gesünder zu leben, aber es ist noch lange nicht so beliebt wie es in der Zukunft sein wird. Sei den anderen einen Schritt voraus, indem du dir mittels dieser Spinat-Mischung den Weg zu einem kontrollierteren Blutdruck legst.

Vorteile:

Ingwer eignet sich hervorragend zum Senken des Blutdrucks und zum Reduzieren des Krebsrisikos.

Zutaten:

- Äpfel - 1 mittlere 180g
- Karotten - 2 mittlere 120g
- Ingwer - 1/2 Daumenbreit 12g
- Limette - 1 Frucht 55g
- Spinat – 2 Handvoll 50g

Zubereitung:

- **Wasche alle Zutaten.**

- **Vermische sie gut und genieße dieses erfrischende Getränk.**

Gesamtsumme an Kalorien: 193

Vitamine: Vitamin A 1785ug, Vitamin C 98 mg, Calcium 94mg

Mineralien: Natrium 156mg, Kalium 1459mg

Zucker 33g

34. Gesundheits-Mischung

Deine eigene Gesundheit sollte mit Vorsicht behandelt werden. Einen hohen Blutdruck zu haben ist ernst und sollte regelmäßig untersucht werden. Dieser Saft ist ein guter Anfang um deinen Blutdruck stabil zu halten.

Vorteile:

Fenchelsaft zu trinken ist hilfreich für Menschen, die an Herzproblemen leiden, da er Kalium enthält. Ingwer erhöht die Blutzirkulation und bekämpft Fieber.

Zutaten:

- Äpfel - 2 mittlere 360g
- Fenchel (mit Wedel) - 1 Knolle 230g
- Ingwer - 1/2 Daumenbreit 12g
- Orange (geschält) - 1 Frucht 130g

Zubereitung:

- **Wasche alle Zutaten.**
- **Vermische sie gut und genieße dieses erfrischende Getränk.**

Gesamtsumme an Kalorien: 153

Vitamine: Vitamin A 15ug, Vitamin C 70mg, Calcium 118mg

Mineralien: Natrium 79mg, Kalium 1144mg

Zucker 31g

35. Rote-Bete-Fest

Eine gute Lösung für jedes Gesundheitsproblem besteht darin, Früchte und Gemüse zu deinen Saftrezepten hinzuzufügen. Teste die Vorteile und alle Zutaten, die du durch diesen Saft erhältst, sowie den Geschmack der Petersilie.

Vorteile:

Petersilie wurde in Tierversuchen verwendet, um die antioxidantische Kapazität des Blutes zu erhöhen. Rote Beete ist nützlich beim Reinigen der Leber und hilft der Leber, Fett zu verstoffwechseln.

Zutaten:

- Apfel - 1 mittlere 180g
- Rote Beete - ½ Knolle 40g
- Karotten - 3 mittlere 180g
- Petersilie - 1 Handvoll 40g
- Limette – ½ 30g

Zubereitung:

- **Wasche alle Zutaten.**
- **Vermische sie gut und genieße dieses erfrischende Getränk.**

Gesamtsumme an Kalorien: 119

Vitamine: Vitamin A 1174ug, Vitamin C 45mg, Calcium 121mg

Mineralien: Natrium 190mg, Kalium 1005mg

Zucker 22g

36. Ananas-Plus-Apfel-Saft

Die Kombination aus Ananas und Apfel verleiht diesem Saft einen hervorragenden Geschmack und die anderen Zutaten fügen dem Ganzen Vitaminen bei. Dieser Saft ist geeignet um den Tag zu beginnen oder zu jeder anderen Tageszeit.

Vorteile:

Ananassaft ist reich an Vitaminen und hilft womöglich den Blutdruck zu senken und außerdem das Cholesterin zu reduzieren.

Zutaten:

- Apfel - 1 mittlerer 180g
- Zitrone - 1/2 Frucht 25g
- Orange (geschält) - 1 große 180g
- Ananas - 1/4 Frucht 225g
- Gurke – 1 300g

Zubereitung:

- **Wasche alle Zutaten.**

- **Vermische sie gut und genieße dieses erfrischende Getränk.**

Gesamtsumme an Kalorien: 215

Vitamine: Vitamin A 41ug, Vitamin C 140mg, Calcium 90mg

Mineralien: Natrium 5mg, Kalium 837mg

Zucker 49g

37. Doppelter Mango-Orange

Wenn dein Körper älter wird und du nicht auf ihn achtest, werden dir verschiedene Probleme begegnen. Eines davon ist Bluthochdruck. Dieses Saftrezept wird dir helfen, deine Hypertension zu kontrollieren und andere zukünftige Gesundheits-probleme zu vermeiden.

Vorteile:

Orangen, da sie reich an Vitamin C sind, helfen die weißen Zellen zu stimulieren, damit dieses Infektionen bekämpfen können und ein natürliches Immunsystem aufbauen zu können. Mango kann helfen das Cholesterin zu reduzieren.

Zutaten:

- Apfel - 1 großer 223g
- Zitrone (geschält) - 1/2 Frucht 29g
- Mango (geschält) - 1 Frucht 336g
- Orange - 1 große 184g
- Spinat – 50g

Zubereitung:

- **Wasche alle Zutaten.**
- **Vermische sie gut und genieße dieses erfrischende Getränk.**

Gesamtsumme an Kalorien: 245

Vitamine: Vitamin A 146ug, Vitamin C 147mg, Calcium 91mg

Mineralien: Natrium 4mg, Kalium 860mg

Zucker 50g

38. Orangengenuss

Versuche dieses Saftrezept und schau, wie die Vorteile deine Art zu fühlen und zu handeln während des Tages verändern werden. Du wirst nach dem ersten Tag erkennen, dass du keinen weiteren Tag mehr darauf verzichten möchtest.

Vorteile:

Karotten vollbringen Wunder für das Immunsystem, indem sie die Produktion und die Leistung der weißen Blutzellen steigern. Orangen können den Bluthochdruck senken.

Zutaten:

- Äpfel - 2 große 400g
- Karotten - 5 mittlere 200g
- Orange - 1 große 184g
- Pfirsiche - 2 große 350g
- Banane – 1 mittlere 100g

Zubereitung:

- **Wasche alle Zutaten.**
- **Vermische sie gut und genieße dieses erfrischende Getränk.**

Gesamtsumme an Kalorien: 379

Vitamine: Vitamin A 3376ug, Vitamin C 116mg, Calcium 220mg

Mineralien: Natrium 291mg, Kalium 2521mg

Zucker 80g

39. Cranberry-Light

Dieses Saftrezept serviert man am besten am Ende des Tages, weil es deinen Körper schneller entspannen lässt, bevor du ins Bett gehst. Es wird dich außerdem mit einer Menge Vitaminen und Mineralien versorgen, die du brauche wirst um in den nächsten Tag zu starten.

Vorteile:

Cranberrys sind en hervorragender Lieferant für Vitamine und Mineralien. Sie senken den Blutdruck und verbessern die Blutzirkulation.

Zutaten:

- Äpfel - 3 mittlere 546g
- Cranberrys - ½ Tasse, ganz 50g
- Ingwer - 1/4 Daumenbreit 6g
- Orange - 1 große 184g
- Limette – ½ Frucht 25 g
- Spinat – 50g

Zubereitung:

- **Wasche alle Zutaten.**
- **Vermische sie gut und genieße dieses erfrischende Getränk.**

Gesamtsumme an Kalorien: 220

Vitamin: Vitamin A 23ug, Vitamin C 87mg, Calcium 80mg

Mineralien: Natrium 5mg, Kalium 725mg

Zucker 41g

40. Reduziere-den-Stress-Mischung

Wenn Stress dein Problem ist, solltest du sehen, welche Effekte dieses Saftrezept auf dich haben wird. Es ist wirklich großartig und du wirst dich nicht mehr so sehr um deine Gesundheit sorgen, jetzt da du einen Überfluss an Nährstoffen bekommst.

Vorteile:

Sellerie beruhigt die Nerven, weil er reich an Calcium ist und hilft, deinen Blutdruck zu kontrollieren. Roher Sellerie sollte gegessen werden, um Bluthochdruck zu senken.

Zutaten:

- Apfel – 1 mittlerer 180g
- Sellerie - 2 Stangen, große 120gg
- Zitrone (mit Schale) - 1/2 Frucht 42g
- Banane – 1 mittlere 100g

Zubereitung:

- **Wasche alle Zutaten.**

- **Vermische sie gut und genieße dieses erfrischende Getränk.**

Gesamtsumme an Kalorien:: 128

Vitamine: Vitamin A 101ug, Vitamin C 87mg, Calcium 140mg

Mineralien: Natrium 124mg, Kalium 1027mg

Zucker 19g

41. B-Sieg

Dieses Saftrezept sollte ganz oben auf deiner Liste stehen. Es hat einen hohen Anteil an Vitaminen und Mineralien. Die beste Tageszeit um ihn zu servieren ist am Morgen, weil er dir einen großen Energieschub verleiht.

Vorteile:

Rote Beeten sind reich an Kohlenhydraten, was bedeutet, dass sie ein große Quelle für sofortige Energie sind. Sie sind ein wahrer Blutreiniger.

Zutaten:

- Apfel - 1 großer 200g
- Rote Beete - 1 Knolle 170g
- Karotten - 4 mittlere 241g
- Sellerie - 1 Stange, große 60g

Zubereitung:

- **Wasche alle Zutaten.**
- **Vermische sie gut und genieße dieses erfrischende Getränk.**

Gesamtsumme an Kalorien: 155

Vitamin: Vitamin A 1292ug, Vitamin C 34mg, Calcium 175mg

Mineralien: Natrium 300mg, Kalium 1750mg

Zucker 30g

42. Doppelter-AA-Zug

Nachdem du eine Mahlzeit serviert hast, solltest du 30-60 Minuten warten, bevor du diesen Saft trinken kannst. Probiere die Zutaten aus und lies, wie man das Rezept zubereitet bevor du beginnst. Sei bereit für eine leckere und sehr gesunde Quelle an Vitaminen und Mineralien.

Vorteile:

Avocados reduzieren das Risiko einer Herzer-krankung und helfen, das Immunsystem zu stärken.

Zutaten:

- Äpfel – 1 mittlerer 150g
- Avocado - 1 Avocado 188g
- Limette - 1 Frucht 60g
- Spinat – 2 Tassen 60g

Zubereitung:

- **Wasche alle Zutaten.**
- **Vermische sie gut und genieße dieses erfrischende Getränk.**

Gesamtsumme an Kalorien: 353

Vitamine: Vitamin A 243ug, Vitamin C 47mg, Calcium 164mg

Mineralien: Natrium 152mg, Kalium 1788mg

Zucker 20g

43. Hemmungs-Saft

Wenn du damit beginnen willst, deine Hypertension auf schnell und effektive Art und Weise zu kontrollieren, dann solltest du mit diesem Saft beginnen. Er ist leicht zuzubereiten und ist eine große Quelle für Antioxidantien, die notwendig sind um alle möglichen Krankheiten zu verhindern.

Vorteile:

Einige Nährstoffe, die in Kiwis enthalten sind, wie beispielsweise Eisen, Kupfer und Vitamine können nach neuesten Studien Herzerkrankungen abmildern.

Zutaten:

- Brombeere - 1 Tasse 120g
- Kiwi - 1 Frucht 69g
- Apfel -2 große 360 g
- Limette – ½ 30 g

Zubereitung:

- **Wasche alle Zutaten.**

- **Vermische sie gut und genieße dieses erfrischende Getränk.**

Gesamtsumme an Kalorien: 183

Vitamine: Vitamin A 80ug, Vitamin C 110mg, Calcium 75mg

Mineralien: Natrium 7mg, Kalium 560mg

Zucker 30g

44. Täglicher Doppelmix

Ein gesunder Lebensstil sollte in der Tag draus bestehen, täglich Übungen zu machen und auf deine Ernährung zu achten. Darum sollte dieses Saftrezept oft und insbesondere am Morgen verwendet werden, um dir dabei zu helfen, deinen Tag mit einer großen Dosis an Beta-Karotinen zu beginnen.

Vorteile:

Sellerie und Äpfel helfen, den Bluthochdruck zu senken und sind außerdem eine exzellente Nährstoffquelle.

Zutaten:

- 2 große Karotten, 200g
- Tomaten -1 mittlere 110g
- Apfel – 1 mittlere 100g
- Sellerie -1 Stange 50g

Zubereitung:

- **Wasche alle Zutaten.**

- **Vermische sie gut und genieße dieses erfrischende Getränk.**

Gesamtsumme an Kalorien:: 163

Vitamine: Vitamin A 400µg, Vitamin C 15mg, Calcium 20mg

Mineralien: Natrium 13mg, Kalium 223 mg

Zucker 15g

45. Würzige Kartoffel

Wenn du auf der Suche nach etwas bist, das dir bei Blutdruck-Problemen hilft, solltest du dir anschauen, wie dieses Saftrezept zubereitet wird und es einmal ausprobieren. Du möchtest es vielleicht am Morgen probieren, aber du kannst es über den ganzen Tag hinweg genießen. Es sieht gut aus und schmeckt noch besser aufgrund all der süßen Zutaten, die es beinhaltet.

Vorteile:

Orangen sind eine großartige Quelle für Vitamine und helfen womöglich auch den Blutdruck zu reduzieren.

Zutaten:

- Äpfel – 2, 360g
- Sellerie - 1 Stange 65g
- Orange (geschält) - 125g
- Süßkartoffel - 120g
- Banane – 1 mittlere 100g

Zubereitung:

- **Wasche alle Zutaten.**
- **Vermische sie gut und genieße dieses erfrischende Getränk.**

Gesamtsumme an Kalorien: 330

Vitamine: Vitamin A 690µg, Vitamin C 75mg, Calcium 150mg

Mineralien: Natrium 76mg, Kalium 349mg

Zucker 55g

46. Energie-Kick

Es gibt jede Menge Saftrezepte, die positive Auswirkungen auf deine Gesundheit haben, aber dieses hier ist speziell für Hypertension geeignet. Du kannst die Limette weglassen, wenn du denkst, der Geschmack ist zu intensiv für deinen Gaumen.

Vorteile:

Karotten verbessern die Leistung der weißen Blutzellen und helfen, überschüssige Flüssigkeit aus dem Körper auszuscheiden. Der Blutdruck wird ebenfalls durch sie reduziert.

Zutaten:

- Karotten - 2 mittlerer 120g
- Sellerie - 1 Stange 50g
- Tomaten - 2 mittlere, ganz 220g
- Banane – 1 mittlere 100g
- Limette – ½ 25g

Zubereitung:

- **Wasche alle Zutaten.**
- **Vermische sie gut und genieße dieses erfrischende Getränk.**

Gesamtsumme an Kalorien:: 85

Vitamine: Vitamin A 900µg, Vitamin C 140mg, Calcium 197mg

Mineralien: Natrium 24mg, Kalium 268mg

Zucker 14g

47. Maximaler Stärke-Mix

Dieses Saftrezept eignet sich hervorragend um es am Morgen zu servieren aufgrund des intensiven Geschmacks, den es hat, und der wundervollen Effekte, die es während des gesamten Tages auf deinen Körper haben wird. Du kannst die Mengen erhöhen oder erniedrigen ganz nach deinen Bedürfnissen und Wünschen.

Vorteile:

Äpfel sind eine hervorragende Quelle für Vitamine und sie sind außerdem bekannt dafür, Bluthochdruck zu senken und für ihren hohen Gehalt an Nährstoffen.

Zutaten:

- Äpfel -1 großer – 120g
- Ingwer - 45g
- Grapefruit (geschält) - 300g

Zubereitung:

- **Wasche alle Zutaten.**

- **Vermische sie gut und genieße dieses erfrischende Getränk.**

Gesamtsumme an Kalorien: 220

Vitamine: Vitamin A 123µg, Vitamin C 200mg, Calcium 139mg

Mineralien: Natrium 9mg, Kalium 220mg

Zucker 42g

48. Erdbeerschub-Mischung

Dieser Saft ist sehr reich an Vitamin C aufgrund der Erdbeeren, die er enthält, sowie der Zitrone. Die Karotten fügen den Nutzen, die dieses wundervolle Getränk hat, Beta-Karotine bei

Vorteile:

Erdbeeren helfen, die Todesrate von Krebs zu senken und sie bekannt dafür, das Risiko einer Herzerkrankung zu mindern.

Zutaten:

- Apfel – 1 großer 120g
- Zitrone - 1/2 Frucht 32g
- Erdbeeren - 2 Tassen 230g
- Karotten - 1 kleine 50g

Zubereitung:

- **Wasche alle Zutaten.**
- **Vermische sie gut und genieße dieses erfrischende Getränk.**

Gesamtsumme an Kalorien: 190

Vitamine: Vitamin A 11µg, Vitamin C 185mg, Calcium 68mg

Mineralien: Natrium 4mg, Kalium 850mg

Zucker 40g

49. Extra-Energie-Saft

Wir wissen alle, wie gesund Gemüse und Früchte für unseren Körper sind. Darum solltest du damit beginnen, Säfte zu trinken, die eine hohe Vielfalt an ihnen aufweisen und noch dazu großartig schmecken. Dies ist ein ungewöhnliches Getränk und kann modifiziert werden, wenn es dir eine der Zutaten nicht gefällt, weil sie doch einen starken Geschmack haben.

Vorteile:

Studien haben gezeigt, dass Cranberrys den Blutdruck womöglich senken können und deinem Immunsystem neuen Schwung verleihen.

Zutaten:

- Rosenkohl – 1 Sprosse 17g
- Gurke -1, 300g
- Ananas – ¼ 220g
- Spinat – 2 Handvoll 50g
- Cranberrys – 2 Tassen 190g

Zubereitung:

- **Wasche alle Zutaten.**
- **Vermische sie gut und genieße dieses erfrischende Getränk.**

Gesamtsumme an Kalorien: 150

Vitamine: Vitamin A 410µg, Vitamin C 204mg, Calcium 209mg

Mineralien: Natrium 79mg, Kalium 470mg

Zucker 34g

50. BOAP-Saft

Wenn du einen zeitlich begrenzten Lebensstil und volle Tage hast, ist das keine Entschuldigung dafür, sich nicht auf die Kontrolle deines Bluthochdrucks zu konzentrieren. Stell also sicher, dass du das machst, was notwendig ist um dir deinen Weg zu einer besseren Gesundheit auf einer konstanten Basis zu trinken.

Vorteile:

Orangen, da sie reich an Vitamin C sind, reduzieren das Risiko von Herzerkrankungen und senken womöglich den Blutdruck.

Zutaten:

- Apfel - 1 mittlerer 180g
- Orangen - 2 große 365g
- Pfirsiche - 2 mittlere 300g
- Banane – 1 mittlere 120g

Zubereitung:

- **Wasche alle Zutaten.**

- **Vermische sie gut und genieße dieses erfrischende Getränk.**

Gesamtsumme an Kalorien: 940

Vitamine: Vitamin A 50µg, Vitamin C 110mg, Calcium 100mg

Mineralien: Natrium 30mg, Kalium 120mg

Zucker 40g

ANDERE GROSSARTIGE WERKE DES AUTORS

Fortgeschrittenes Training zur mentalen Stärke für Gewichtheber:

Verwende Visualisierungen um dein wahres Potential auszuschöpfen

Von

Joseph Correa

Zertifizierter Meditationslehrer

Steigere deine mentale Stärke im Bodybuilding durch Meditation:

Erreiche dein Potential durch Gedankenkontrolle

Von

Joseph Correa

Zertifizierter Meditationslehrer

www.ingramcontent.com/pod-product-compliance
Lightning Source LLC
Chambersburg PA
CBHW070152080526
44586CB00015B/1961